AF542652

VENTE

Du Mercredi 30 Novembre 1898

HOTEL DROUOT, SALLE N° 11

A DEUX HEURES UN QUART

BEAUX MEUBLES

ANCIENS & DE STYLES

OBJETS D'ART

MARBRES DE MADRASSI, D'H. MOREAU & DE LINDER

Bronzes, Porcelaines

TABLEAUX

Œuvre importante : L'Atelier du Peintre, par E. RICHTER

DESSINS, GRAVURES, AQUARELLES

TAPISSERIES

Mᵉ G. DUCHESNE
Commissaire-Priseur
6, Rue de Hanovre, 6

M. A. BLOCHE
Expert
28, Rue de Châteaudun, 28

EXPOSITION PUBLIQUE

Le Mardi 29 Novembre 1898

DE 2 HEURES A 6 HEURES

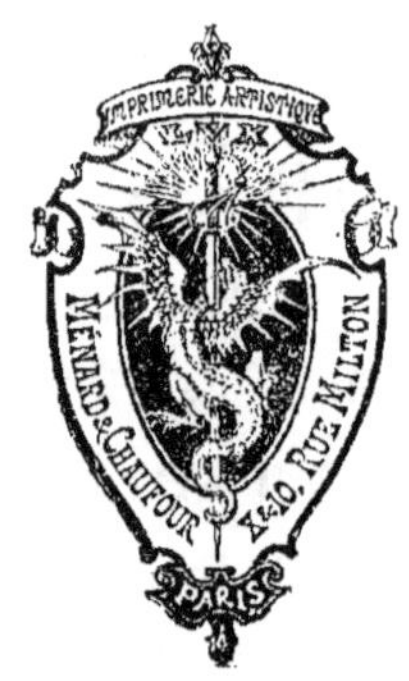
IMPRIMERIE ARTISTIQUE
MÉNARD & CHAUFOUR
8 & 10, RUE MILTON
PARIS

CONDITIONS DE LA VENTE

Elle aura lieu *expressément* au comptant.

Les acquéreurs paieront *cinq pour cent* en sus des enchères.

L'exposition mettant le public à même de se rendre compte de l'état et de la nature des objets, il ne sera reçu aucune réclamation une fois l'adjudication prononcée.

Paris. — Imprimerie Ménard & Chaufour, 8-10, rue Milton

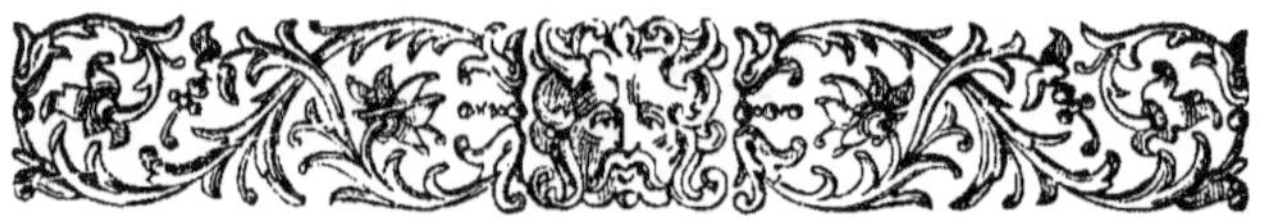

DÉSIGNATION

MEUBLES

1-2 — Deux beaux meubles d'encoignure en acajou et bois noir ornés de bronze. Les vantaux sont garnis d'un grand panneau en ancien laque de Coromandel représentant des scènes d'apparat des légendes chinoises.

3 — Cartel pendule en bois sculpté noir et or du temps de Louis XVI, le cadran porte le nom de Liungdahl à Stockholm.

4 — Autre cartel de même style, en bois sculpté noir et or, imitant un baromètre.

5 — Baromètre, selon TORRICELLI et thermomètre selon REAUMUR, portant le nom de CAPPY 1764, avec cadres en bois sculpté et doré de l'époque.

6 — Table en bois rose et marqueterie de bois, ornée de bronzes Louis XVI.

7 — Table a jeu en marqueterie de bois, décor à fleurs, oiseaux, feuillages. Epoque Louis XV.

8 — Petit meuble à un vantail en chêne sculpté, décor à cariatides.

9 — Petite glace, cadre tout sculpté, décor à coquille.

10 — Jolie commode en bois de placage, ornée de bronzes. Epoque Louis XVI.

11 — Meuble de salon en bois noir, recouvert en tapisserie d'Aubusson à fleurs, composé de : un canapé, quatre fauteuils et quatre chaises.

12 — Ameublement de chambre à coucher, en marqueterie de boule, composé de : une armoire à glace, un lit et une table de nuit.

13 — Table carrée en acajou à allonges.

14 — Guéridon à filets noirs.

15 — Deux gaines en bois noir à filets de cuivre.

16 — Cabinet italien.

17 — Petit bahut en noyer sculpté et moulures Henri II.

18 — Table en bois sculpté et doré, dessus garni de velours. Style Louis XVI.

19 — Grande commode en marqueterie de palissandre et bronzes, dessus marbre. Epoque Louis XVI.

20 — Glace à pans bois noir garni de cuivre. Style Louis XIV.

21 — Bureau à dos d'âne en bois marqueté. Epoque Louis XVI.

22 — Quatre chaises en acajou sculpté à rehauts d'or et garnies de tapisserie style Louis XVI.

23 — Vitrine en palissandre marqueté garnie de bronzes et à glaces bombées. Style Louis XV.

24 — Petit bureau bois noir sculpté, dessus en peluche. Style chinois.

25 — Ecran en bois noir sculpté, garni d'étoffe en broderie de Chine.

26 — Grand fauteuil en bois sculpté laqué vert et rehaussé d'or, style Louis XIV, recouvert de soierie fond crême à fleurs brochées argent.

27 — Fauteuil en noyer sculpté rehaussé d'or, style Louis XIV, couvert en soierie fond bleu, dessin dans le goût japonais.

28 — Grande banquette en chêne sculpté Louis XIII.

29 — Commode Louis XVI en bois satiné et bronzes.

30 — Quatre chaises en bois sculpté et doré couvertes en soierie. Styte Louis XVI.

31 — Grand bureau plat en palissandre, monture bronze. Style Louis XV.

32 — Bureau de forme ventrue, en marqueterie de bois. Style Louis XV.

33 — Bonheur du jour, formant bureau en marqueterie de bois à fleurs. Style Louis XVI.

34 — Table bureau en bois noir incrusté d'ivoire, dessus drap rouge. Style italien.

35 — Deux supports en bois garni de cuivres. Style arabe.

36 — Petite table ovale en marqueterie de bois à losanges. Style Louis XVI.

37 — Piano droit en palissandre noirci, de chez Allard.

38 — Grande bergère en noyer sculpté Louis XVI, couverte en soierie brochée à fleurs.

39 — Ecran en noyer sculpté rehaussé d'or, feuille en ancienne soierie à fleurs et tissée d'or. Style Louis XVI.

OBJETS D'ART

SCULPTURES, BRONZES, PORCELAINES.

40 — Groupe en terre cuite : Jeunes musiciens italiens, par MADRASSI.

41 — Marbre : Buste d'un Général du temps de l'Empire.

42 — Marbre : Buste présumé de Mme Favart.

43 — Statuette en bronze. Spartacus.

44 — Statuette en bronze. L'Amour au papillon.

45 — Statuette en bronze. Vénus de Milo.

46 — Deux grands vases en ancien craquelé, monté en bronze doré à 8 lumières.

47 — Grande pendule en bronze doré de DENIÈRE. Modèle : A la Liseuse.

48 — Statuette en bronze : le dieu Pan.

49 — Vase en bronze Louis XVI, sur socle marbre.

50 — Deux statuettes en bronze : Mercure et la Fortune.

51 — Statuette en bronze : La Charité par GRÉGOIRE. Socle en peluche.

52 — Deux statuettes en bronze argenté : Mars et Minerve.

53 — Garniture en bronze d'après l'antique composée d'un buste et deux vases.

54 — Statuette en bronze : La Cantinière.

55 — Paire de chenêts en bronze.

56 — Garniture de cheminée en marbre noir.

57 — Paire de lampes en bronze.

58 — Paire de vases montés en bronze. Style Louis XVI.

59 — Beau buste en marbre représentant une Dame de la Cour de Louis XV.

60 — Beau buste en marbre. Style Louis XV : Portrait de Mademoiselle de Beaujolais.

61 — Statuette en marbre : La Esmeralda de H. Moreau.

62 — Statuette en marbre : La Jeune Fille au Papillon par Linder.

63 — Buste en marbre : La Vierge.

64 — Lampe romaine à gaz en bronze.

65 — Pare étincelles grillagé monture en bronze doré. Style Louis XV.

66 — Jardinière suspension gros bleu monture en bronze six lumières.

67 — Buste en terre cuite : Madone.

68 — Deux grands vases Louis XV en marbre veiné du Languedoc, monture en bronze ciselé et doré.

69 — Deux candélabres d'autel en cuivre à cinq lumières.

70 — Grand buste en biscuit Mme Dubarry d'après Pajou.

71 — Deux cassolettes en marbre blanc monture en bronze. Style Louis XVI.

72 — Statuette en bronze : Le Hérault d'armes par Cordonnier.

73-74 — Deux colonnes en marbre, monture en bronze doré.

75 — Groupe en terre cuite : Faune et Enfant, de Jonary.

76 — Paire de potiches en vieux japon décor polychrome.

77 — Pendule en bronze doré. Ier Empire.

78 — Statuette en bronze : l'Automne par Carrier Belleuse.

79 — Statuette équestre : Napoléon Ier.

80 — Paire de flambeaux en bronze doré. Ier Empire.

81 — Motif Empire en bronze doré : Faune.

82 — Autre représentant un char.

83 — Ecran en bronze doré. Empire.

84 — Groupe en bronze : Faune et Bacchante, de Clodion, sur socle Louis XV.

85 — Paire de candélabres en bronze : Amours portant des bouquets de roses, à trois lumières.

86 — Statuette en bronze : L'Ondine, de Carrier-Belleuse.

87 — Paire de grands chenêts Louis XIV, à figures de sphinx couchés.

88 — Deux candélabres en porcelaine d'Allemagne.

89 — Coupe de style Empire, en bronze doré, portée par des bacchantes.

90 — Petit brûle-parfums en marbre blanc.

91 — Statuette en bronze : Joueur de pipeaux.

92 — Groupe en biscuit.

93 — Bouddha en bois sculpté et doré. Travail chinois.

94 — Assiette en porcelaine, décor à reflets métalliques.

95 — Petite jardinière en porcelaine décorée.

96 — Vingt-quatre assiettes en porcelaine de Saxe, décor à fleurs.

OBJETS DE VITRINE

97 — Quatre netzukés japonais en ivoire sculpté et bois laqué.

98 — Trois gardes de sabre en émail cloisonné et fer incrusté.

99 — Deux petites coupes carrées en émail peint de la Chine.

100 — Brosse à ongles montée en nacre gravée et argent ciselé et doré. Époque de la Restauration.

101 — Noix de coco sculptée.

101 — Couteau et fourchette en argent. Travail oriental.

TAPISSERIES

103 — Paire de portières en tapisserie ancienne.

TABLEAUX

DESSINS, AQUARELLES, GRAVURES

104 — BELLANGÉ (attribué à Hipp.). *François Ier à Pavie.* Sépia.

105 — BEAUCÉ. *Soldats d'Algérie.* Six dessins rehaussés d'aquarelles.

106 — BONNEGRACE. *Nymphe sous Bois.*

107-108 — BOUCHER (école de). *Le Sommeil et le Réveil de l'Amour.* Deux pendants.

109 — CARRACHE (Annibal). *Scène du Christianisme.* Sépia.

110 — CARRIER-BELLEUSE (Pierre). *Rêverie.* Pastel.

111 — CARRIER-BELLEUSE (Pierre). *Femme au grand chapeau.* Pastel.

112 — CHARLET (attribué à). *Soldats d'occasion.* Aquarelle.

113 — CHARPENTIER. *Le Berger.*

114 — DUPAIN. *Plage avec figures.*

115 — DUPRÉ (attribué à Jules). *Le Crépuscule.*

116 — FLANDRIN (attribué à). *Femme assise et Marine.*

117 — FRAGONARD (école de). *Bacchante et Amours.*

118 — GAVARNI (attribué à). *Femme en buste coiffée de fleurs.* Gouache.

119 — GOUGELET (Mlle). *A la Malmaison.* Panneau décoratif.

120 — JOLLIVET. *Moïse tenant les Tables de la Loi.* Peinture sur lave.

121 — LEBRUN (genre de). *Siège d'une Cité par les Romains.* Sanguine.

122 — LÉONARDO DI VINCI (école de). *Tête d'homme.* Belle sanguine.

123 — MANET (d'après). *Tête de Parisienne.*

124 — MARIE (Adrien). *Seigneurs.* Croquis.

125 — MICHEL (Ernest). *Jeune Femme à la Colombe.* Beau tableau.

126 — MONNIER (attribué à Henri). *Têtes d'expression.* Huit dessins dans deux cadres.

127 — DE NEUVILLE (A.). *Soldat.* Signé.

128 — VAN OSTADE (école de). *Paysage animé de personnages.* Aquarelle.

129 — DE PENNE (d'après). *Chien.* Aquarelle.

130 — PILLEMENT. *Vue de la Suisse.* Aquarelle.

131 — PRUD'HON (d'après). *La Justice et la Vengeance divine poursuivant le Crime.*

132 — VAN DER MEULEN (école de). *Chasse réservée.* Sujet galant.

133 — RAPHAËL (Sanzio). Dessin à la mine de plomb.

134 — RICHTER (E.). *L'Atelier du peintre.* Le peintre est assis en face d'un tableau et en observe les effets. Ses modèles, deux jeunes Italiennes et une femme en bohémienne debout sur une estrade sourient en le regardant. L'atelier est rempli d'étoffes et d'objets d'art. Œuvre importante. Signé.

135 — ROBERT (Léopold). *Portrait d'Italienne.*

136 — TIEPOLO (école du). *Chevaux dans un hall.*

137 — VEYRASSAT (J.). *Chevaux.* Esquisse.

138 — ÉCOLE FLAMANDE. *Eros et Anteros.*

139 — ÉCOLE FLAMANDE. *L'Homme qui a bu.*

140 — ÉCOLE FRANÇAISE. *Diane et Endymion.*

141 — ÉCOLE FRANÇAISE. *La Mort d'Artémise.*

142 — ÉCOLE FRANÇAISE. *Hercule et Omphale*

143 — ÉCOLE FRANÇAISE. *Le Chasseur adroit.* Gravure en couleur.

144 — ÉCOLE HOLLANDAISE. *La Tentation.*

145 — ÉCOLE HOLLANDAISE. *Paysage avec personnages et animaux.* Dessin au crayon bleu.

146 — ÉCOLE ITALIENNE. *Pan et Sphinx.*

147 — ÉCOLE ITALIENNE. *Nymphe poursuivie par un faune.*

148 — ÉCOLE ITALIENNE. *Clélie et ses compagnes passant le Tibre.*

149 — ÉCOLE ITALIENNE. *Tobie et l'Ange.* Sanguine.

150 — ÉCOLE MODERNE. *Une Hamadryade.*

151 — Tableaux et objets omis.

www.ingramcontent.com/pod-product-compliance
Lightning Source LLC
LaVergne TN
LVHW010018230826
846092LV00002B/877